기　획 이유미

발달심리학을 전공하고, 교육회사에서 아이의 심리와 성장, 잠재력을 연구했습니다. 지금은 다양한 교육 콘텐츠를 기획하며, 아이들의 공감능력 향상을 위해 노력하고 있습니다.

글쓴이 김선민

다양한 분야의 스토리 콘텐츠를 제작하는 작가로 활동하며 답이 있는 이야기가 아닌 답을 찾아갈 수 있는 이야기를 쓰려고 노력하고 있습니다. 문학예술 강사활동을 하며 아이들과 만나기도 합니다.

그린이 신혜인

만화 관련 학과 졸업 후 프리랜서 일러스트레이터로 활동하고 있습니다. 마음속 이야기들을 그림으로 표현하는 일이 즐겁습니다. 누구나 자기답게 행복한 세상을 꿈꿉니다.

나랑 친구하고 싶을까?

1판 1쇄 발행 2019년 7월 25일 | **1판 2쇄 발행** 2022년 6월 10일

기획 이유미　**글쓴이** 김선민　**그린이** 신혜인
펴낸곳 마노컴퍼니　**펴낸이** 이유미　**편집** 한라경　**디자인** 이든디자인
등록 제25100-2018-000008호　**구입 문의** 070-7606-8585
홈페이지 manocompany.com　**이메일** mano@manocompany.com

ISBN 979-11-958450-4-0　77370
　　　979-11-958450-3-3　(세트)

이 도서의 국립중앙도서관 출판예정도서목록(CIP)은 서지정보유통지원시스템 홈페이지(http://seoji.nl.go.kr)와 국가자료공동목록시스템(http://www.nl.go.kr/kolisnet)에서 이용하실 수 있습니다.(CIP제어번호: CIP2019024415)

*본 책은 저작권법에 의해 보호를 받는 저작물이므로 무단 전재와 복제를 금합니다.
*KC마크는 이 제품이 공통안전기준에 적합하였음을 의미합니다.

| **모델명** | 나랑 친구하고 싶을까? | **제조년월** | 2022. 6. 10. | **제조자명** | 마노컴퍼니 | **제조국명** | 대한민국 |
| **전화번호** | 070-7606-8585 | **사용연령** | 7세 이상 | | | | |

나랑 친구하고 싶을까?

이유미 기획 | 김선민 글 | 신혜인 그림

토리는 얼마 전에 전학을 왔어요.
전학을 온 뒤로 토리는 전보다 일찍 일어나요.
매일 아침, 준비물을 몇 번이나 확인한 뒤에 집을 나서지요.

피요는 동생이 태어난 뒤로 자주 지각을 해요.
피요가 나가려고만 하면 동생이 울었거든요.
피요는 오늘도 겨우 동생을 달래고, 서둘러 집을 나섰어요.

후유, 겨우 집에서 나왔네!
친구들이 기다리고 있을 텐데! 지름길로 얼른 가야겠다.

오늘은 친구를 사귈 수 있을까?
아직 모든 게 낯설어.

교실에 도착한 토리는
곧장 자리에 앉아 그림을 그리기 시작했어요.
다른 친구들도 하나둘씩 교실로 들어왔어요.
친구들이 끼리끼리 모여 장난치는 소리에
교실은 금세 시끌시끌해졌지요.

"얘들아, 안녕!"
피요가 친구들과 함께 교실로 들어왔어요.
"피요야, 너 브로치 진짜 예쁘다!"
몬디가 피요의 브로치를 가리키며 말했어요.
"히히, 어제 내가 만든 거야."
"정말? 직접 만들었다고? 짱이다!"
먼저 교실에 와 있던 친구들은 피요의 브로치를 보려고
피요 주변으로 모여들었어요.

토리는 피요를 몰래 쳐다봤어요.
피요의 브로치도 힐끗 보았지요.

토리는 오늘도 혼자 그림만 그리고 있네…?
토리가 브로치에 관심을 보이면
가서 말을 걸어 보려고 했는데….

예쁜 브로치네?
나도 피요와 친해지고 싶어….

첫 시간은 미술 시간이에요.
종이 울리자, 피요 주변에 모여 있던 아이들이 자리로 돌아갔어요.
"자, 오늘은 음악을 듣고, 자유롭게 그림을 그려 보세요!"
선생님은 잔잔한 음악을 틀어 주었어요.

음악을 들으며 어떤 친구는 바닷속을 떠올리기도 하고,
어떤 친구는 숲속을 떠올리기도 했어요.
어느새 교실은 친구들의 상상으로 가득찼어요.

눈을 감고 조용히 음악을 듣던 토리는
크레파스와 물감을 꺼냈어요.

토리가 붓을 움직이자 스케치북 속에
벌과 나비가 날아다니기 시작했어요.
반 친구들이 토리 그림을 힐끗힐끗 쳐다보았어요.
여기저기에서 예쁘다고 하는 소리가 들렸지요.

예쁜 벌과 나비 그림을 그리면 좋을 것 같아.
연필로 먼저 그리고, 크레파스랑 물감으로 색칠을 해야지!

그림만 그리기에는 좀 심심한데?
꽃무늬 도장을 만들어서 찍어 볼까?

손으로 박자를 맞춰 가며 음악을 듣던 피요는
필통을 열고, 지우개를 꺼냈어요.

피요는 지우개 도장에 물감을 발라 도화지에 찍었어요.
색을 바꿔가며 도화지에 도장을 찍자,
도화지에 무지개색 꽃들이 활짝 피어났어요.

"안 돼!"
토리가 마지막으로 나비 날개를 색칠하려고 할 때였어요.
토리의 그림 위로 물감통이 쏟아지고 말았어요.
그림에 집중하다가 물감통을 치고 만 거예요.
토리의 도화지가 금세 얼룩덜룩해졌어요.

열심히 그린 그림을 다 망쳐 버렸어.
너무 부끄럽고, 속상해.

예쁜 그림이었는데….
정말 속상하겠다.

"토리가 그림을 망친 거 같아."
친구들이 여기저기서 수군거렸어요.
몇몇 친구는 토리의 망친 그림을 보고 키득거리기도 했어요.
토리의 얼굴이 빨개졌어요.
토리는 그림을 구겨서 쓰레기통에 버리고는
자리로 돌아와 책상에 엎드렸어요.

토리를 가만히 지켜보던 피요는
몰래 쓰레기통에서 그림을 주워 왔어요.
피요는 지우개 도장을 토리의 그림에 찍어 보았어요.
도장을 여러 번 찍으니 얼룩덜룩하게 물감이 묻은 곳도
꽃밭처럼 보였지요.

피요는 도장을 찍은 토리의 그림을
교실 뒤에 붙였어요.
엎드려서 울고 있는 토리의 옆에
열심히 만든 지우개 도장도 올려 놓았지요.

수업이 끝난 후,
집에 온 토리는 하얀 도화지에
지우개 도장을 찍어 보았어요.
도화지에 예쁜 꽃이 한가득 피어났어요.

'누굴까? 내일은 누가 나를 도와줬는지 물어봐야지.
어쩌면 친구가 생길지도 몰라.'

어? 분명 그림을 버렸는데?
이 도장 무늬랑 그림에 찍힌 무늬가 같잖아?
어떻게 된 일이지?

내가 했다고 말하면
토리가 좋아할까?

"우아, 토리 그림 엄청 예쁘다!"
모두가 토리의 그림을 보고 칭찬했어요.

토리는 자기의 이름이 들리자
고개를 들어 게시판을 보았어요.

피요는 오늘 만든 지우개 도장을 가지고
동생과 도장 찍기 놀이를 했어요.
동생이 꽃무늬 도장을 찍자,
피요는 그 위에 토리의 그림처럼 나비와 벌을 그려 주었어요.

'토리는 혼자 있는 걸 좋아하는 게 아니라,
친구들에게 먼저 말 거는 게 부끄러운 건 아닐까?
내일은 내가 먼저 말을 걸어 봐야지.
우린 분명 좋은 친구가 될 수 있을 거야.'

깊이
읽기

그 다음 이야기를 만들어 보세요

자신을 도와준 친구가 피요라는 것을 알고 토리는 깜짝 놀랐어요.
토리는 조용히 피요에게 다가가 말을 걸었어요.
토리는 피요에게 어떤 말을 했을까요?

피요는 토리가 먼저 말을 걸어와 깜짝 놀랐어요.
피요도 그동안 토리에게 하고 싶었던 말을 했어요.
피요는 토리에게 어떤 말을 했을까요?

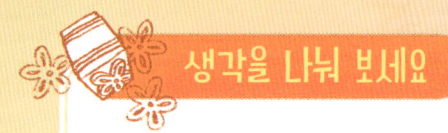 생각을 나눠 보세요

토리는 어떤 감정들을 느꼈나요?
가능한 자세히 감정들을 발견해 보세요.

토리는 새로운 친구를 사귀고 싶지만, 친구들에게 먼저 다가가지는 않았어요. 왜 그랬을까요?

지우개 도장과 멋지게 완성된 그림이 토리에게 가르쳐 준 것은 무엇이었을까요?

낯선 곳에서 새로운 친구들을 사귀는 나만의 방법이 있나요?

토리의 마음 읽기

새로운 환경에 적응하는 것이 힘든 아이

수줍음이 많은 토리가 낯선 교실에서 경험하는 다양한 감정에 초점을 맞추어 읽어 보세요.

토리와 같이 내성적인 아이들에게는 새로운 환경에서 친구를 사귀는 일이 쉽지 않습니다. 다른 아이들보다 더 많은 시간이 필요하지요. 이런 성향의 아이들에게는 새로운 환경에 적응하고, 관계를 맺어 나가는 과정 중에 자신이 원하는 것과 감정을 정확하게 이야기할 수 있도록 도와주는 것이 중요합니다. 이 과정을 통해 자신만의 친구를 사귀는 법, 갈등을 해결하는 법을 찾을 수 있습니다.

피요의 마음 읽기

누구와도 금방 친구가 되는 아이

피요가 생각한 토리의 마음과 실제 토리의 마음이 얼마나 비슷한지에 초점을 맞추어 읽어 보세요.

아이들은 처음 새로운 친구들을 만났을 때, 각자의 방식과 생각으로 서로를 탐색합니다. 탐색 결과에 따라 친구에게 다가갈지, 어떤 방식으로 다가갈지 등을 정하게 됩니다. 친구 경험이 부족할 경우, 탐색의 결과와 실제는 매우 다를 수 있습니다. 다양한 친구 경험을 통해 이 차이를 좁혀 나가는 것, 그리고 편견 없이 친구에게 다가갈 용기를 길러 주는 것이 중요합니다.